AF359626

DE
L'ULTRAMONTANISME

ET DU

GALLICANISME

POINT DE VUE PROVIDENTIEL

DANS LA QUESTION ROMAINE

PAR L'ABBÉ VALIN

ANCIEN CURÉ DE LISSIEU

LYON

CHARLES MÉRA, LIBRAIRE-ÉDITEUR

15, RUE DE LYON, 15

1877

DE

L'ULTRAMONTANISME

ET DU

GALLICANISME

LYON — IMPRIMERIE GÉNÉRALE DU RHÔNE

L. FABERT, rue de la Belle-Cordière, 14

DE

L'ULTRAMONTANISME

ET DU

GALLICANISME

POINT DE VUE PROVIDENTIEL

DANS LA QUESTION ROMAINE

Par l'Abbé VALIN

ANCIEN CURÉ DE LISSIEU

———•◦•———

LYON

CHARLES MÉRA, LIBRAIRE-ÉDITEUR

15, RUE DE LYON, 15

1877

LE CARDINAL DE BONALD

MONSEIGNEUR,

Les soussignés, conseillers municipaux, le maire et les habitants de la commune de Lissieu, viennent d'apprendre avec un grand regret que M. Valin, leur bon curé, en fonction depuis trente-cinq ans, vient d'être révoqué par Son Éminence pour des raisons qu'ils ignorent.

Mais seulement les soussignés osent vous dire, Monseigneur, que depuis un si grand nombre d'années que ce digne pasteur est à la tête de son petit troupeau, jamais la commune n'a eu aucun motif de se plaindre de lui; au contraire, son cœur bon et charitable s'est toujours montré très-disposé à faire le bien à ses paroissiens inconsolables; son dévoûment pour son ministère n'a jamais rien laissé à désirer.

Pour toutes ces raisons, les soussignés osent espérer, Monseigneur, que vous voudrez bien leur conserver leur bon curé; ce serait pour eux une grande satisfaction.

Ils sont, en attendant, etc.

En mairie, le 27 septembre 1866.

(Suivent les signatures légalisées.)

PRÉFACE

Sauf quelques phrases que j'ai ajoutées, cette brochure était déjà sous presse, il y a cinq ans et plus. Mon archevêque, Mgr Ginouilhac, me fit alors appeler et me dit : Nous apprenons que vous faites imprimer un écrit qui causera du trouble et de la division dans le clergé, cela nous contrarie. Je lui répondis : Monseigneur, j'ai été révoqué par votre prédécesseur, je suis maintenu révoqué par vous, je me défends. Je vous rétablirai dans votre cure, me dit-il; mais je vous prierai bien d'attendre, je ne voudrais pas que cela fît du bruit, de l'éclat; je voudrais que cela arrivât comme par occasion. Depuis longtemps, lui dis-je, je désire visiter Rome et l'Italie; je vais partir et vous laisse toute latitude.

La veille de mon départ, je reçus de Monseigneur une lettre testimoniale d'une extrême bienveillance, où il me dit : que je suis approuvé dans ma vraie et sincère foi et religion.

Testificamur Claudium Mariam Valin esse pietate, famâ et bonis moribus conspicuum, verâ et sincerâ fide ac religione probatum et nullis pœnis ecclesiasticis innodatum. Quocirca illum plurimùm in Domino commendamus cum paterno et sincero affectu.

A mon retour, il ajouta au bas de cette lettre : « Nous donnons à M. Valin les pouvoirs dont il jouissait à Lissieu et nous les étendons, en ce qui concerne la confession et la prédication, à tout le diocèse, *usque ad revocationem*, 1872. »

Mais depuis lors, le parti ultramontain s'est opposé à ce que je rentre dans ma cure; M. Pagnon, grand-vicaire, m'a dit : Nous ne voulons pas nous déjuger.

Je publie donc cet écrit, pour la justification de ma personne et de ma foi, et surtout, je présume, pour me rendre vrai et utile dans l'Eglise.

Quand le prêtre est humble, tout le monde se met à ses genoux; s'il veut dominer, personne n'en veut plus, Dieu et les hommes l'abaissent. Ainsi va la religion de Jésus-Christ. Oh! que saint Bernard avait bien raison de dire au pape Eugène et à tous les papes : « Il n'y a pas de poison, il n'y a pas de glaive que je redoute plus pour vous que la passion de dominer. *Nullum tibi venenum nullum gladium plus formido quàm libidinem dominandi.* »

Laissons donc de côté les doctrines superbes de l'ultramontanisme, contentons-nous d'offrir la parole de Jésus-Christ à qui veut l'écouter et l'entendre sans contrainte, sans domination, sans cette violence, dite salutaire, qui d'exigence en exigence, comme par engrenage, mène à l'inquisition. Ce moyen sera plus efficace qu'une heure par trop matinale pour empêcher les enterrements civils, qui se font moins par impiété que par manifestation haineuse contre le clergé.

Dieu veut être adoré en esprit et en vérité, du fond de l'âme, bénévolement; c'est pour cela qu'il a donné à l'homme le libre arbitre et lui en a laissé l'exercice, même dans le Paradis terrestre.

L'ULTRAMONTANISME

GALLICANISME

Je terminais ma première brochure par ces paroles :

« Tant que le pape se dira infaillible et avec lui toutes les
« doctrines de Grégoire VII et de l'*Encyclique-Syllabus*, tant
« que les évêques en fils respectueux s'inclineront devant ces
« doctrines, j'imagine que Dieu châtiera l'ultramontanisme et
« que la révolution ne s'arrêtera que lorsqu'elle aura ruiné et
« dispersé l'école ultramontaine qui siège à Rome.

« Suit un autre chapitre : *Point de vue providentiel dans la*
« *question romaine*, qui sera publié plus tard. »

Je le publie aujourd'hui.

A l'apparition de ma première brochure, le 22 septembre
1868, Son Éminence le cardinal de Bonald m'écrivit :

« Vous venez, Monsieur le Curé, de faire paraître, sans
« mon approbation et malgré mes avertissements, votre écrit
« sur l'ultramontanisme. En conséquence, dès aujourd'hui,
« vous n'êtes plus curé de Lissieux ; je vous ôte tout pouvoir
« de confesser, de prêcher dans mon diocèse ; quant à la messe,
« je vais examiner. Je ne vous empêche pas de croire ce que
« vous voulez, sur ce qui n'a pas encore reçu l'approbation de
« l'Église, mais vous ne devez rien publier, rien écrire, contre
« les sentiments que professe le souverain docteur de l'Église. »

Malgré toutes les démarches et le dévouement de mes chers
paroissiens, je fus obligé de me retirer.

Pour la justification de ma cause et pour servir de critique
à un évêque dominateur, malheureusement sans frein et sans

contrôle, qu'il me soit permis de citer ici quelques phrases des
journalistes à mon sujet :

« Le crime de l'abbé Valin quel est-il ? D'être ouvertement
« gallican. Peut-on sans procédure, sans jugement, et sans
« cause, dépouiller un prêtre vénérable de son honneur, de
« son bien ? Qu'est-ce qu'une Église où de pareilles iniquités sont
« possibles ? Qu'est-ce qu'un État indifférent ou désarmé en
« présence de tels actes ? » — (J. Wallon — *Étendard* ; Paris.)

A la date du 3 novembre, le *Salut public* faisait là remar-
que suivante :

« Les incidents qui ont marqué l'apparition de la brochure
« de M. l'abbé Valin, brochure qui est une véritable pro-
« fession de foi gallicane, ont appelé l'attention des journaux
« de Paris sur la révocation de ce digne et courageux ecclé-
« siastique. La polémique s'est engagée sur le point de savoir
« s'il n'y avait pas quelque chose d'inique à frapper un prêtre
« pour cause d'hostilité aux doctrines ultramontaines. Sauf le
« *Pays*, qui en sa qualité d'adorateur du sabre et de la crava-
« che, trouve tout naturel qu'un ecclésiastique ne puisse ni
« parler ni écrire, ni peut-être même penser, sans la permission
« de son évêque, les autres feuilles parisiennes sont unanimes
« à louer l'attitude de M. l'abbé Valin et à mettre en relief
« le caractère essentiellement honnête, digne, élevé, de son
« attaque contre l'ultramontanisme. »

Ajoutons encore les railleries d'une feuille facétieuse de
Lyon :

« Vous venez, Monseigneur, d'interdire de ses fonctions
« de prêtre M. Valin, curé de Lissieux. Incontestablement
« vous avez eu raison ; ce M. Valin était un profond
« scélérat, indigne de miséricorde, puisqu'il ne partageait pas
« vos idées touchant l'ultramontanisme, et j'aime à voir de
« quelle façon vous savez convertir à vos opinions les subor-
« donnés qui auraient l'audace de s'en écarter. On voit,
« Monseigneur, que vous connaissez l'histoire de cette assem-
« blée dont les membres ne prenaient jamais la parole sans
« avoir une corde passée autour du cou. Quand l'orateur par-
« lait mal au gré du président, celui-ci tirait la corde et le

« discours s'étranglait dans le nœud coulant. Ainsi avez-vous
« fait pour M. Valin, ce qui est fort bien.

« Permettez-moi donc de vous payer ici publiquement le
« tribut de mon admiration pour cet acte intelligent et libé-
« ral.

« Comme il est mal aisé de bien faire sans s'exposer à des
« criailleries et à des réclamations de toutes sortes, vous ne
« manquerez certainement pas de rencontrer des gens qui ne
« comprendront pas comment le gallicanisme, professé il y
« a quelques ans dans les séminaires, est devenu subitement
« une opinion criminelle, et se permettront de penser qu'un
« cardinal peut se tromper et un simple curé avoir raison.

« Je connais trop, Monseigneur, l'esprit qui vous dirige et
« la sagesse des conseils qui vous entourent pour supposer
« que toutes les raisons ci-dessus puissent ébranler le moins du
« monde vos convictions, ni avoir sur vos déterminations la
« plus petite influence.

« J'ai au contraire la bien intime persuasion que si les
« quatorze cents prêtres de votre diocèse qui ont signé une
« pétition contre la liturgie romaine, auxquels les idées
« de M. Valin sont communes, se laissaient aller à imprimer
« n'importe quoi dans son sens, vous n'auriez rien de plus pressé
« que de les interdire tous en bloc, sauf à les remplacer par
« d'autres que vous feriez venir de Rome par le premier
« bateau ; ce qui serait une belle affaire.

« Pour toutes ces raisons, encore un coup, Monseigneur, je
« suis heureux de pouvoir vous adresser mes félicitations sur
« les sévérités édictées par vous à l'encontre de M. Valin.

« Que si par hasard la gloire toute entière ne vous en
« revenait pas, et devait, comme je pense, se partager avec
« MM. de Serres et Pagnon, vos grands-vicaires, il faudrait
« qu'ils prissent pareillement à leur compte une partie de mes
« compliments. »

Vers le temps de Pâques, Son Éminence ayant publié un
mandement en faveur de l'ultramontanisme, je lui écrivis une
lettre en particulier, où je réfutais ses arguments article par

article. Voici la réponse que j'en ai reçue. Je la transcris en entier :

« Non seulement, Monsieur, je ne vous permets pas d'écrire contre mon mandement, mais je vous le défends sous peine de suspense *ipso facto*. — Cardinal de Bonald, 13 août 1869. »

En sorte que le cardinal de Bonald nous enseigne des doctrines contraires à celles qu'on nous a enseignées au séminaire, sous les auspices de Monseigneur Fesch et de Monseigneur de Pins, de qui j'ai reçu les ordres, et moi, pauvre prêtre, dont la foi s'émeut et la conscience se trouble devant ces malheureuses doctrines, je ne puis pas m'expliquer avec mon évêque, je ne puis pas entrer en discussion seul à seul avec lui, sans être en suspens pour la messe *ipso facto*, par le fait même.

O mon Dieu, quand je me suis fait prêtre, j'avais une toute autre idée de l'état ecclésiastique, de l'autorité de mon évêque et de ma liberté de conscience, et quand je lis dans l'apôtre saint Paul les qualités que doit avoir un évêque, je reste scandalisé.

Il y a lieu de s'étonner que le gouvernement, qui sait au besoin prêter main forte à l'évêque contre le prêtre, délaisse le prêtre contre l'évêque à propos des doctrines gallicanes garanties par le Concordat. Heureusement pour moi, mort le cardinal, morte la suspense *ipso facto*.

Cependant, Eminence, — je vous adresse la parole jusque dans le tombeau. — L'un de vos prédécesseurs, Monseigneur de Saint-Georges, dans l'assemblée du clergé de France en 1682, avait signé les quatre articles du gallicanisme, rédigés par Bossuet, et comme tous les évêques de France les avait fait enseigner dans son diocèse, où ils ont été enseignés jusqu'à nos jours.

Cependant encore, lorsque Lamennais voulait faire prévaloir les doctrines ultramontaines — l'on sait où l'ultramontanisme l'a conduit — Monseigneur de Frayssinous, ministre des cultes, pria les évêques présents à Paris de s'y opposer, et ils signèrent la déclaration suivante, à laquelle vous avez souscrit par lettre, alors que vous n'étiez qu'évêque du Puy :

« Nous, Cardinaux, Archevêques et Évêques soussignés,

« croyons devoir au roi, à la France, au ministère divin qui
« nous est confié, aux véritables intérêts de la religion, dans
« les divers États de la chrétienté, de déclarer que nous réprou-
« vons les injurieuses qualifications par lesquelles on a essayé
« de flétrir les maximes et la mémoire de nos prédécesseurs
« dans l'épiscopat; que nous demeurons inviolablement atta-
« chés à la doctrine telle qu'ils nous l'ont transmise sur les
« droits des souverains et sur leur indépendance pleine et abso-
« lue dans l'ordre temporel de l'autorité soit directe, soit indi-
« recte de toute puissance ecclésiastique. »

    † Le cardinal de LA FARE, archevêque de Sens.
    † Le cardinal de LATIL, archevêque de Reims.
    † FRANÇOIS, ancien archevêque de Toulouse.
    † PIERRE - FERDINAND, archevêque d'Aix, d'Arles et
    d'Embrun.
    † GUILLAUME AUBIN, archevêque de Bourges.
    † PAUL—AMBROISE, archevêque de Besançon.
    † MARIE-NICOLAS, archevêque de Narbonne.
    † B...., évêque d'Autun.
    † C.-L., évêque d'Evreux.
    † J.-P., évêque d'Amiens.
    † J., évêque de Nantes.
    † C.-J.. évêque de Tulles.
    † C.-M., évêque de Strasbourg.
    † J.-M.-D., évêque de Quimper.
    † De Quélen, archevêque de Paris, par une lettre au
    « nom de son clergé. »

Soixante-dix évêques, c'est-à-dire l'épiscopat français tout
entier, dit le président Bonjean dans un discours au sénat, ont
adhéré à cette déclaration. On le voit, j'ai de nobles et
nombreux parrains.

Pourquoi voulez-vous, ô cardinal de Bonald, que j'adhère
à vos sentiments d'aujourd'hui, plutôt qu'à ceux de Monseigneur de Saint-Georges et de tous ses successeurs sur le siége
de Lyon, plutôt qu'à ceux de tous ces Cardinaux, Archevêques
et Évêques de France?

« Souvenez-vous, me dit saint Paul, souvenez-vous de vos
« chefs qui vous ont enseigné la parole de Dieu. »

Je ne vous empêche pas, me dites-vous, *de croire ce que vous
voulez...* Je le crois bien, vous ne le pouvez pas, ma pensée
est libre au fond de mon cœur. Mais cette foi religieuse que je
possède en mon âme, il faut pour mon salut, dit saint Paul,
non seulement que je la croie de cœur, mais encore que je la
professe de bouche, en prêtre qui avoue hautement sa religion
et ne cache pas ses doctrines.

Vous ne m'empêchez pas ? Pourquoi alors me frappez-vous ?
pourquoi cette révocation, cette menace de suspense *ipso
facto ?*

Tout à votre aise vous prêchez et faites prêcher l'ultramontanisme, vous donnez les meilleurs postes du diocèse, les plus
belles et les plus riches cures de Lyon aux ultramontains éminents. Vous assurez leur dévouement par les honneurs d'un
camail, et devant toutes ces menées pour faire triompher l'ultramontanisme que je déteste parce qu'il blesse profondément
mes principes religieux, vous voulez que je me taise ?

Je défends ma religion et celle de mes frères dans le sacerdoce qui sont gallicans. Je vous dois l'obéissance pour l'exercice du ministère, mais je ne ne suis pas tenu de vous obéir en
la foi contre ma conscience.

Malgré la loi humiliante et délétère que vous avez faite à
votre clergé de ne rien écrire, rien publier, sans votre permission, comme si vous étiez impeccable et infaillible, j'espère bien,
Dieu aidant, garder ma dignité d'homme et de prêtre jusqu'à
la fin de ma vie et n'être pas entre vos mains comme un cada-
vre ou le bâton d'un voyageur. Oh non ! La religion et le sacerdoce ont d'autres allures, l'homme a sa conscience, son libre
arbitre, sa foi qu'il ne doit jamais abdiquer. Souvent vous parlez
de la liberté de l'Église, laissez-la cette liberté aux lèvres sacer-
dotales.

Mais non, dites-vous, je ne veux pas, *vous ne devez rien publier, rien écrire contre les sentiments que professe le souverain
docteur de l'Église.*

Et pourquoi, s'il vous plaît ? Est-ce que Pie IX ne peut pas se tromper en ultramontanisme, comme Libère s'est trompé en arianisme, Honorius en monothélisme ?

Mais voyez donc, je vous prie, que le fond de la question, le point en litige est précisément de savoir si ce souverain docteur de l'Eglise est infaillible ou ne l'est pas. Or , je l'ai dit et le répète, je ne crois pas le pape infaillible, pas plus Pie IX, que Grégoire VII, parce que, autrement, je serais obligé de croire, ce qui n'est pas vrai, de croire que le pape a le droit de déposer les rois, d'exterminer les hérétiques et de contraindre les consciences, puisque Grégoire VII, ne cessons de le dire, affirme en plein concile « qu'il tient de Dieu, de Jésus-Christ et par saint Pierre, par le pouvoir de lier et de délier, le droit d'enlever et donner à qui bon lui semble les empires , les royaumes et les possessions de tous les hommes. »

Puisqu'au concile de Latran Innocent III publie ce canon malheureusement mis en pratique :

« Si le seigneur temporel est hérétique ou fauteur d'héré-
« sie, il sera ' excommunié, et s'il reste plus d'un an sans
« résipiscence, il en sera donné avis au souverain pontife qui
« sur-le-champ déclarera ses vassaux déliés du serment de
« fidélité et livrera ses terres au profit des catholiques qui par
« l'extermination des hérétiques les posséderont sans contra-
« diction. »

Ceux qui ne voient pas ces conséquences forcées de l'infaillibilité du pape n'entendent rien à la question, ou n'y veulent rien entendre. Oui, bien qu'on le nie ou qu'on le dissimule par de fausses raisons, l'infaillibilité du pape porte dans ses flancs la déposition des rois et l'Inquisition.

On nous a enseigné au séminaire :

« Que le pape n'est pas infaillible en la foi, lors même qu'il
« parle du haut de la chaire de saint Pierre *ex cathedrâ*,
« si l'Église n'acquiesce à ce qu'il dit. »

On nous a enseigné:

« Que l'Eglise est infaillible, qu'elle est le juge suprême et définitif en la foi, et qu'ainsi le concile général est supérieur au pape. »

2

Aujourd'hui le concile du Vatican nous oblige à croire que le pape est infaillible de son chef, que c'est lui qui est le juge suprême et définitif en la foi, et qu'ainsi ses décisions valent d'elles-mêmes et non pas en vertu du consentement de l'Église.

Avant de changer ma foi, de renier mes doctrines du séminaire, de brûler mon livre de théologie, de dire aux âmes que j'ai guidées pendant près de cinquante ans : Je me suis trompé, ce n'est pas l'Église, c'est le pape qui est infaillible, ou de leur expliquer, je ne sais comment, que le pape est infaillible et l'Église aussi, que l'Église et le pape ne font qu'un tout, mais de manière à ce que le pape soit tout et l'Église rien ; avant d'en venir là, je supplie qu'il me soit permis, à moi prêtre persécuté pour ma foi, d'examiner les décisions du concile et les preuves qu'il nous en donne.

D'abord est-il bien vrai, comme l'affirme le Vatican, que toujours dans l'Église on a cru le pape infaillible ?

S'il en était ainsi, il n'y aurait pas tant de consciences aujourd'hui qui répugnent à le croire.

Saint Cyprien et tous les évêques d'Asie et d'Afrique avec lui ont résisté opiniâtrement, malgré l'excommunication, à la décision du pape Étienne dans la question des rebaptisants.

Saint Augustin dit à ce propos : « Moi-même je n'aurais pas « cru à la décision du pape Étienne sans l'autorité compacte « de l'Église universelle. »

Saint Jérôme et saint Hilaire appellent le pape Libère hérétique.

Trois conciles œcuméniques et les papes avec eux, pendant plusieurs siècles, dans leurs professions de foi ont dit anathème au pape Honorius.

Le concile de Constance déclare en principe que tout pape est tenu d'obéir en la foi à tout concile général.

Tous les évêques de France, en 1682, tous leurs successeurs en 1826 ont proclamé les doctrines gallicanes et les ont fait enseigner.

Tous ces témoignages prouvent abondamment qu'on n'a pas toujours cru le pape infaillible, malgré tout ce que les papes ont pu dire et faire.

Dans la retraite ecclésiastique en 1869, l'abbé Combalot, pour nous prouver l'infaillibilité du pape, nous citait le décret du concile de Florence dont il faisait remarquer ces termes :

« Le Saint-Siége apostolique a la primauté sur tout l'univers, « le pontife romain est le successeur du bienheureux Pierre « chef des apôtres ; il est le vrai vicaire de Jésus-Christ, le « chef de l'Église, le père et le docteur de tous les chrétiens. « Dans la personne de Pierre, il a reçu de Notre-Seigneur « Jésus-Christ la pleine puissance de paître, régir et gouver- « ner l'Église universelle. »

Si j'avais pu lui répondre, si je n'avais pas craint de causer du trouble au milieu du sermon, je lui aurais dit : Allez donc jusqu'au bout et vous verrez que le concile n'a pas admis ce décret sans restriction ; que lorsqu'on le présenta au suffrage de l'empereur et à l'approbation des évêques grecs, ils s'y refusèrent ; que le pape ayant insisté, l'empereur dit aux évê- ques grecs : préparez-vous au départ ; et qu'alors le concile décida que le pape est le chef de toute l'Église, le père et le docteur de tous les chrétiens, ayant pleine puissance de paître, régir, gouverner l'Église universelle, mais avec cette restriction, dont le sens est prouvé par le texte grec, par les débats et par l'attitude *sine qua non* de l'empereur et des évêques grecs :

« En la manière, toutefois, qu'il est établi dans les actes des « conciles œcuméniques et dans les saints canons..... sauf les « priviléges des patriarches et leurs décrets. »

Par où le concile infirma tout le sens ultramontain de ce décret.

C'est que, voyez-vous, les pères de Florence savaient très-bien que vingt-cinq ans auparavant le concile de Constance avait déclaré en principe que tout pape est tenu d'obéir en la foi à tout concile général.

C'est qu'ils savaient et comprenaient très-bien que dénier au concile de Constance sa qualité d'œcuménique, ou faire contredire le concile de Constance par le concile de Florence c'était mettre tout en doute et en confusion.

Aussi, quand au concile de Trente, les légats voulurent faire valoir le décret de Florence en faveur du pape, le cardinal de

Lorraine et autres évêques de France s'y opposèrent et il fallut s'en abstenir.

L'abbé Combalot insistait encore sur ces paroles de l'Écriture : Tu es Pierre et sur cette pierre je bâtirai mon Église.

Citons le passage en entier pour mieux le comprendre et le faire valoir :

« Jésus-Christ dit à ses apôtres : Qui dit-on qu'est le fils
« de l'homme? Ils répondirent : Les uns disent que c'est Jean-
« Baptiste, les autres Élie, les autres Jérémie ou quelqu'un des
« prophètes. Jésus leur dit : Et vous, qui dites-vous que je suis ?

« Pierre, prenant la parole, lui dit : Vous êtes le Christ fils
« du Dieu vivant. Jésus lui répondit : Vous êtes bien heureux,
« Simon fils de Jean, parce que ce n'est point la chair et le
« sang qui vous l'ont révélé, mais mon Père qui est dans les
« cieux. Et moi je vous dis : Vous êtes Pierre, et sur cette
« pierre je bâtirai mon Église, et les portes de l'enfer ne pré-
« vaudront point contre elle. Et je vous donnerai les clefs du
« royaume des cieux, et tout ce que vous lierez sur la terre
« sera lié dans le ciel, et tout ce que vous délierez sur la
« terre sera délié dans le ciel. »

C'est donc sur lui, Pierre, sur sa personne que Jésus-Christ a bâti son Église et non pas précisément sur sa profession de foi : « Vous êtes le Christ fils du Dieu vivant, » comme le disent ceux qui ne vont chercher ce sens éloigné que pour esquiver Pierre, le pape et sa primauté, en ne tenant pas compte de tout ce qu'il y a de direct et de personnel à Pierre et au Pape dans ces paroles : Tu es Pierre et sur cette pierre je bâtirai mon Église.

Sans doute Jésus-Christ est le principal fondement de son Église, ce qui fait dire à saint Paul que « les fidèles qui s'élèvent en édifice sur le fondement des apôtres, ont pour base, au fond, la pierre angulaire qui est Jésus-Christ. »

Mais cela n'empêche pas qu'en disant à Pierre d'une manière solennelle et personnelle : Et moi je dis à toi: Tu es Pierre et sur cette pierre je bâtirai mon Église, il a fait de son apôtre la principale assise de son Église après lui ; et en lui donnant cette position, cette importance, il en fait naturellement le chef de ses apôtres et de son Eglise.

Mais de là à conclure, comme le prêchait l'abbé Combalot, que le pape est infaillible, il y a loin, ou plutôt il n'en est rien.

Par ces paroles : Tu es Pierre et sur cette pierre je bâtirai mon Eglise, Jésus-Christ a mis à la tête de son Eglise Pierre et ses successeurs, pour l'administrer, pour la gouverner, sans ambition, sans domination, selon la doctrine et l'esprit de son évangile, mais il ne les a pas établis les maîtres de la foi, comme s'ils en étaient la source et le fondement, ou les seuls dépositaires ; on peut être chef de l'Eglise et ne pas être infaillible. Le pape n'est pas le soleil de la foi, mais le miroir où viennent se refléter, quand il y a lieu, les rayons de la foi qui partent de l'Eglise. Le siége, le dépôt de la foi est dans l'Eglise et non pas dans le pape. Car il faut bien faire attention que c'est dans le sein de l'Eglise et non pas dans la personne du pape que Jésus-Christ par sa prédication et celle de ses apôtres a placé le dépôt de la foi ; c'est là qu'elle réside, là qu'elle l'enseigne, là qu'elle se croit, se pratique sans jamais changer, augmenter ou diminuer ; c'est là que le pape doit la chercher, s'il veut parler au nom de l'Eglise et avec l'Eglise, et le dire et le faire, en vérité et en réalité, s'il veut être infaillible avec l'Eglise et par l'Eglise.

Le magistère du pape consiste donc à proclamer la foi de l'Eglise, la foi de l'Eglise, dis-je, et non pas la sienne.

Mais qui ne voit, qui ne comprend que si le pape est infaillible de son chef, en vertu de sa charge, par un don de Dieu, si ses décisions valent d'elles-mêmes avant et par-dessus l'assentiment de l'Eglise, qui ne voit qu'il peut faire dire à l'Eglise tout ce qu'il veut, surtout en présence de la soumission absolue qu'il exige des évêques à tous ses décrets ? Ce n'est plus l'Eglise qui parle en lui, c'est lui qui fait parler l'Eglise.

Qui ne voit encore que si le Pape est le docteur suprême et infaillible de tous les chrétiens et même de l'Eglise universelle, ui seul est infaillible ; l'Eglise ne l'est pas. Celui qui enseigne est plus infaillible que celui qui écoute, le maître l'est plus que le disciple ; d'où il suit que l'infaillibilité dont l'Eglise doit être pourvue, selon le Vatican, n'est autre que celle du pape. Devant ce docteur suprême et infaillible, l'Eglise n'a plus qu'à écouter, obéir et se taire. Elle n'est plus qu'un grand auditoire dont le pape est le prédicateur infaillible.

En vérité, que voulez-vous que des évêques puissent dire et observer à un pape infaillible ? L'infaillibilité du pape accapare donc à son profit toute autorité en la foi. Ce n'est pas l'unité mais le despotisme de la foi qu'elle établit ; et le dogme antique et sacré de l'infaillibilité de l'Eglise qui s'effondre dans celle du pape n'est plus qu'un vain mot, qu'une vieille réminiscence.

Quand donc le concile du Vatican dit que le pape est infaillible, en vertu de ces paroles : Tu es Pierre et sur cette pierre je bâtirai mon Eglise, il exagère, il me semble, la portée de ces paroles. Autant voudrait dire que le pape est saint aussi bien qu'infaillible, puisque l'Eglise, bâtie qu'elle est sur lui, est sainte aussi bien qu'infaillible. Cette conséquence est si naturelle que Grégoire VII n'a pas craint de dire : « Que le pontife romain, s'il est élu canoniquement, par les mérites du bienheureux Pierre, est saint à n'en pas douter. *Quòd romanus Pontifex, si canonicè fuerit ordinatus, meritis beati Petri indubitanter efficitur sanctus.* »

Les autres preuves des ultramontains ne sont pas mieux fondées.

Jésus-Christ, disent-ils, a prié pour que la foi de Pierre ne défaille pas, pour qu'elle soit infaillible ; en conséquence il lui commande de confirmer ses frères.

Fausse interprétation de l'Ecriture, vrai contre-sens, illusion du mot défaille. Jésus-Christ a prié pour que la foi de Pierre ne périsse pas entièrement et pour toujours, *non deficiat*, pour qu'elle se relève après sa chute, mais certainement il n'a pas prié pour qu'elle soit infaillible, pour qu'elle ne défaille pas, puisqu'elle a failli, comme l'atteste le reniement de saint Pierre, ses blasphèmes, ses anathèmes contre son divin maître.

Si Jésus-Christ lui dit : Une fois converti, confirme tes frères, ce n'est pas un commandement en conséquence de son infaillibilité, pour laquelle il n'a pas prié, mais une exhortation d'être le plus ardent à confirmer sa divinité, sa résurrection, comme il le fit au retour du sépulcre et dans le temple.

Voilà tout le sens, toute la valeur de ce *confirma fratres tuos* dont les papes s'autorisent tant pour se dire infaillibles.

Quand de faux prédicateurs nous disent que Jésus-Christ a prié pour que la foi de Pierre ne défaille pas, pour qu'elle soit infaillible, ils savent tout aussi bien que moi que le coq de la passion chante le contraire.

Rien ne m'éloigne plus des ultramontains que cette fausse interprétation de l'Ecriture à bon escient.

Au lieu de traduire selon le vrai sens de l'Écriture : Pierre, j'ai prié pour toi afin que ta foi se relève de sa chute, le pape Agathon pour vanter son siége et justifier Honorius, traduit :

« J'ai prié pour que la foi du saint-siége ne s'écarte jamais du chemin de la vérité. »

Là-dessus tous ses successeurs de traduire de même et de se dire infaillibles. Le concile du Vatican en fait autant. Ne voilà-t-il pas une belle preuve en l'Écriture de l'infaillibilité du pape !

Un insigne faussaire, qui s'appelle Isidore Mercator, vient nous dire que les premiers successeurs de Pierre, Anaclet, Clément et autres, lançaient déjà dans l'Eglise leurs décrétales ou décrets infaillibles. Et c'était lui, ce scélérat en la foi, qui les fabriquait avec des passages empruntés à des écrits postérieurs où l'on a fini par les trouver, après huit siècles de crédulité. Les papes ont fait valoir ces fausses décrétales pour se dire infaillibles. La théologie de saint Liguori en fait autant. Ne voilà-t-il pas une belle preuve historique, une belle tradition de l'infaillibilité du pape !

Jésus dit encore à Pierre : « Pais mes agneaux », « Pais mes brebis. » Les agneaux, disent les ultramontains, sont les fidèles, les brebis sont les pasteurs.

Mais le Jésuite Maldonat se moque d'eux en leur montrant que Jésus appelle ses apôtres brebis ou agneaux indifféremment.

« Je vous envoie, dit-il, comme des brebis, je vous envoie
« comme des agneaux. » Pierre est agneau comme les autres.

Mais admettons, qu'en sa qualité de chef de l'Eglise, le pape
puisse paître toute la chrétienté et les brebis et les agneaux, et
les mères et les petits, et les pasteurs et les troupeaux. Est-ce
une raison pour vouloir qu'il les paisse, en pasteur infaillible,
sans contrôle, sans autre autorité dans l'Eglise que la sienne, à
l'égal de Jésus—Christ divin pasteur des âmes? N'est-ce pas là
une interprétation fantaisiste, une exagération ? car toujours
dans l'Eglise on a lutté contre cette suprématie absolue. Le
concile de Constance l'a niée, le concile de Florence l'a res-
treinte, le concile de Trente l'a écartée, et, malgré le vote du
Vatican, qui se modifiera, qui s'expliquera sans doute, on lut-
tera, Dieu aidant, jusqu'à la victoire.

O évêques du Vatican, si différents des évêques de Constance,
quand vous dépouillez l'Eglise de toute autorité pour la trans-
férer au pape, vous ne savez pas le besoin qu'elle peut en avoir
dans les temps où nous sommes !

Les ultramontains disent encore que l'Eglise est un corps
dont le pape est la tête, et que l'Eglise sans le pape est un
corps sans tête. Ils ne réfléchissent pas que les évêques ont
tous une tête et quelquefois meilleure que celle du pape, que
dans le corps de l'Eglise les membres pensent aussi bien que la
tête, ce qui rend leur comparaison caduque, et qu'en mettant,
comme ils font, toute l'Eglise dans le pape, ils ont une tête
sans corps.

Il y a et il y aura toujours un pape dans l'Eglise, mais acci-
dentellement un pape peut se tromper en la foi, sans que la foi
et l'Eglise périssent avec lui. L'erreur et la vie d'un pape sont
chose passagère. En attendant, la tradition apostolique, l'enseignement général, la croyance générale sont toujours là pour
s'opposer à l'erreur d'un pape.

Enfin, si saint Irénée dit : « qu'il est nécessaire que toute
Eglise s'unisse en la foi à celle de Rome, »
Il en donne la raison. C'est, dit-il, qu'elle est, « très grande,
« très ancienne, très illustre, Eglise fondée par les deux plus

« glorieux apôtres Pierre et Paul, » et qui par les allants et venants de tout côté dans cette capitale de l'univers représente la tradition des apôtres et la foi de toute Eglise.

Il ne s'agit pas ici de la primauté et infaillibilité du pape, puisque Paul y figure à côté et à l'égal de Pierre, mais il s'agit, comme l'indique le titre du chapitre : « De la tradition apos-« tolique, » tradition qui, par les deux plus glorieux apôtres Pierre et Paul, se manifeste avec plus d'éclat dans cette Eglise de Rome, si grande alors, si illustre, et que saint Irénée appelle comparativement principale plus que les autres, non pas en vertu de la primauté et infaillibilité du pape dont il ne parle pas, mais en vertu de l'ampleur et de la puissance de sa tradition, à raison de laquelle il est nécessaire de s'unir à cette Eglise plus qu'à toute autre, plus qu'à celle de Smyrne ou d'Ephèse, dont la tradition est moindre quoique suffisante pour qu'il soit aussi nécessaire d'y adhérer.

Le tort, l'erreur des ultramontains est donc d'appliquer à la primauté, à l'infaillibilité du pape ces termes : *Potiorem princi-palitatem,* qui ne s'appliquent qu'à la principale et puissante tradition des deux apôtres Pierre et Paul dans l'Eglise de Rome. Grand Dieu ! a-t-on abusé de ce passage de saint Iré-née en faveur de l'ultramontanisme.

C'est par suite de tous ces passages exagérés ou mal tra-duits que les papes se disent les maîtres, les oracles, les dicta-teurs de la foi.

Cependant, d'après l'Écriture sainte et l'histoire, on voit que toutes les fois qu'il a fallu, devant l'erreur, constater la foi de l'Eglise, relater la parole de Jésus-Christ, en déterminer le sens et les conséquences, à Jérusalem, à Nicéc, à Constantinople, dans tous les conciles, apôtres et évêques l'ont fait tous ensemble; ils ont remonté par la tradition, par l'Écriture jusqu'aux sources de la foi, jusqu'à Jésus-Christ. Mais oncques, dans aucun concile, on ne s'est avisé de dire au pape : Vous qui êtes infaillible, vous juge suprême de la foi, parlez, cela nous suffit.

Dans la lutte qui s'est engagée entre l'ultramontanisme et le gallicanisme, ou pour parler plus clairement, entre l'autorité du pape et l'autorité de l'Eglise, il est à remarquer que, dans sa marche ascendante de siècle en siècle, la papauté est arrivée au point de concentrer en elle l'unité de pouvoir et l'unité de foi ; afin que désormais le vicaire de Jésus-Christ, sans opposition à tout ce qu'il fait, sans contradiction à tout ce qu'il dit, puisse paître, régir et gouverner l'Eglise en maître absolu et infaillible ; puissance qui ne peut se traduire que par ces paroles du Fils de Dieu : « Toute puissance m'a été donnée dans « le ciel et sur la terre. »

Il y a des fidèles, des prêtres, des évêques auxquels cette suprématie plaît, qui la désirent, qui la demandent ; soit par soumission religieuse, par principe autoritaire, pour l'unité et le triomphe de l'Eglise, comme ils s'imaginent, soit par ambition latente ; ils s'exaltent eux-mêmes en exaltant le pape dont ils sont les évêques, les prêtres, les religieux ; soit par esprit de parti en mettant en face de l'autorité civile une autorité qui lui soit supérieure.

Nous prêtres gallicans, nous voulons un pape dans l'Eglise, mais un pape comme l'a voulu Jésus-Christ, un pape sans ambition, sans domination, sans prétention à l'infaillibilité. Nous aimons à répéter ces belles paroles qu'on nous faisait apprendre par cœur au séminaire :

« Vous le savez, dit Jésus-Christ à ses apôtres, les rois « des nations les dominent, et les grands qui les gouvernent « font sentir leur autorité ; il n'en sera pas ainsi de vous. Mais « que celui qui veut être le premier devienne le serviteur des « autres, à l'exemple du Fils de l'Homme, qui n'est pas venu « pour être servi, mais pour servir. »

Et ces autres de l'apôtre saint Pierre, le premier et le plus grand des papes :

« Paissez le troupeau qui vous est confié, non par voie de « contrainte, mais par bienveillance en vue de Dieu, non par « amour ignoble de l'argent, mais par dévouement, non pas en « dominant sur les clercs, mais en devenant du fond de l'âme « le modèle du troupeau. »

Et c'est ainsi que dans l'Eglise de Jésus-Christ l'autorité grandit et se fait respecter.

Nous voulons la primauté du pape, mais non pas une primauté qui envahit tout, qui absorbe tout, l'épiscopat, l'Eglise et la foi, primauté dont le principe autoritaire fait du pape un Dieu et suscite, comme toujours, la révolte et le schisme.

Pour s'en convaincre, il suffit de jeter un coup d'œil sur les événements de l'histoire.

A part le mobile de quelques passions individuelles, qui est-ce qui a séparé l'Eglise grecque de l'Eglise romaine, l'Orient de l'Occident, et les sépare encore ?

La suprématie absolue du pape.

L'Eglise grecque, dit son patriarche invité au concile du Vatican, ne peut reconnaître l'infaillibilité du pape et sa supériorité sur les conciles œcuméniques.

Qu'est-ce qui a séparé et sépare les protestants de l'Eglise romaine ?

La suprématie absolue du pape.

Et l'Angleterre, qui l'a séparée et la sépare de Rome avec ses immenses colonies ?

Toujours la question du pape et de sa suprématie.

Dans les jours où nous sommes, qu'est-ce qui fomente et fait éclater la haine contre la religion et les prêtres, qui se manifeste par les enterrements civils? qu'est-ce qui fait surgir la menace de la séparation de l'Eglise et de l'Etat?

Les doctrines de la domination cléricale, l'autorité du pape de plus en plus invahissante par son infaillibilité.

Qui ébranle la foi et la fait perdre ?

L'idée d'un homme, d'un pape infaillible.

Vous donc, mes frères dans le sacerdoce, qui par esprit de subordination, par amour pour le pape, mais sans bien comprendre l'ultramontanisme, sans l'avoir étudié à fond, votez l'infaillibilité du pape et la faites voter, vous voyez bien que vous ramez à l'envers, et que plus vous exaltez le pape, plus l'Eglise et le pape en souffrent.

Aimez un peu moins le pape, aimez un peu plus l'Eglise, cela vaudra tout autant. Ou plutôt, aimons l'Eglise notre mère et dans l'Eglise notre mère, aimons le pape notre père.

L'unité de pouvoir engendre la domination, et Jésus-Christ n'en veut pas.

L'unité de foi ne consiste pas à être dans un seul homme, dans le pape, mais à être la même dans toute l'Eglise en Jésus-Christ et par Jésus-Christ.

Il n'y a que Dieu qui soit infaillible, l'homme ne l'est pas. sinon par exception, par miracle, et quand il est inspiré, il en fournit la preuve.

L'Eglise elle-même n'est infaillible que par l'assistance continuelle du Saint-Esprit. Elle est infaillible en ce qu'elle ne dévie pas de la parole de Dieu qu'elle a reçue dans son sein : elle est infaillible, non pas grâce au pape, grâce à cette fausse tradition de l'Écriture par le cardinal Dechamps : « J'ai prié « pour toi, afin que ta foi soit infaillible, et ce sera à toi d'y « affermir tes frères. »

Mais elle est infaillible grâce à l'enseignement général de ses pasteurs de tous les temps et de tous les lieux auxquels il a été dit dans la personne des apôtres : Je suis avec vous jusqu'à la consommation des siècles.

Assurément, il serait plus commode d'avoir un pape infaillible comme un ange : il n'aurait qu'à parler et tout serait dit. plus de schisme, plus d'hérésie ; malheureusement cet optimisme ultramontain n'existe pas. Dieu veut que pour le mérite de la foi et la gloire de son divin Fils on remonte jusqu'à Jésus-Christ.

Mon Dieu, faites-moi la grâce de parler clairement et simplement.

Jésus-Christ a établi un chef, un pape dans son Eglise qui est l'évêque de Rome, successeur de Pierre ; comme aussi il a établi par l'Esprit-Saint dans les diocèses les évêques pour régir l'Eglise de Dieu. Mais tout en disant aux successeurs de Pierre : Pais mes agneaux, pais mes brebis, comme en disant aux successeurs des apôtres : Allez, enseignez toutes les nations, voici que je suis avec vous jusqu'à la consommation des siècles, il les a laissés et les uns et les autres, et les papes et les évêques ; il les

a laissés tous en particulier, de pauvres et faibles créatures su-
jettes à l'ignorance, à la concupiscence et à la mort. De soi
aucun d'eux n'est infaillible, pas même le pape ; et quand elle
ne relève pas de l'Eglise, son autorité dont on fait un person-
nage à part, ne l'est pas plus que sa personne, puisqu'elle ne
s'exerce que par elle.

Les pasteurs dans leurs paroisses, les évêques dans leurs
diocèses, les papes à la tête de l'Eglise remplissent chacun leur
charge sans être infaillibles ni impeccables.

Mais la parole de Jésus-Christ, lui qui est Dieu, lui qui est
infaillible, répandue dans son Eglise par tous ses apôtres, y
compris saint Pierre, et qui se répand d'âge en âge par leurs
successeurs, y compris le pape, cette parole toujours vivante,
toujours active, qui par l'enseignement général, se croit, se
pratique depuis les apôtres jusqu'à nous, cette parole se maintient et se maintiendra infaillible jusqu'à la consommation des
siècles.

Ce qu'il y a de merveilleux, c'est que Jésus-Christ a confié
cette parole à des hommes, vases d'argile, qui au premier choc
peuvent se briser et la perdre, mais qui dans leur ensemble
la conservent immuablement, comme Dieu a confié à la terre
les premières semences, les premières graines qui se conservent malgré la fragilité et la caducité de chaque plante en
particulier.

O Dieu, seul vous êtes infaillible, seule votre Eglise l'est en
vous et avec vous, parce que seule elle a reçu de vous cette
promesse : Je suis avec vous jusqu'à la consommation des
siècles.

Acte de foi : « Mon Dieu, je crois fermement toutes les vé-
« rités que croit et enseigne votre sainte Eglise, parce que
« c'est vous-même qui les lui avez révélées et que vous ne pou-
« vez ni vous tromper ni nous tromper. »

C'est pourquoi dans le concile de Nicée, le premier concile
général après les apôtres, trois cent dix-huit évêques, presque
tous confesseurs de la foi, ayant au milieu d'eux l'empereur
Constantin, empereur de tout l'univers, et ce qui valait mieux
ayant au-dessus d'eux l'Esprit Saint pour les inspirer, ont

proclamé pour les siècles à venir ces grandes vérités catholiques :

« Je crois en un seul Dieu qui a fait le ciel et la terre, les
« choses visibles et invisibles.

« Je crois en Jésus-Christ fils unique de Dieu, qui s'est fait
« homme.

« Je crois au Saint-Esprit qui vivifie.

« Je crois l'Eglise une, sainte, catholique et apostolique. »

Si en disant: Je crois l'Eglise, ils avaient voulu dire, je crois
le pape, ils l'auraient dit pour la clarté et simplicité de la foi
dans un dogme aussi essentiel qui est la clef de tous les
autres ; et l'on n'aurait pas attendu quinze siècles pour le dire.

L'Eglise comprend non seulement le pape, mais encore les
évêques, les prêtres et les fidèles ; ceux qui enseignent et ceux
qui sont enseignés ; qui tous dans leur foi se prêtent une mu-
tuelle adhésion, les uns en enseignant, les autres en croyant,
et qui tous ensemble ne forment qu'un corps qui s'appelle
l'Eglise et dont nos pères dans la foi ont dit : Je crois l'Eglise
une, sainte, catholique et apostolique.

Je laisse à penser si l'Eglise ainsi entendue croit à l'infaill-
libilité du Pape.

Mais voici que le concile du Vatican se dresse contre moi
et me dit :

« Si quelqu'un, ce qu'à Dieu ne plaise, avait la témérité de
« contredire notre définition, qu'il soit anathème ! »

En voici le décret :

« Nos traditioni a fidei christianæ exordio perceptæ fideliter
« inhærendo, ad Dei salvatoris gloriam, religionis catholicæ
« exaltationem et christianorum populorum salutem, sacro
« approbante concilio, docemus et divinitùs revelatum dogma
« esse definimus : Romanum pontificem, cùm ex cathedrâ lo-
« quitur, id est, cùm omnium christianorum pastoris et doc-
« toris munere fungens, pro summâ suâ apostolicâ auctoritate,
« doctrinam de fide vel moribus ab universâ ecclesiâ tenen-
« dum definit, per assistentiam divinam ipsi in beato Petro
« promissam, eâ infaillibilitate pollere, quâ divinus redemptor

« Ecclesiam suam, in definiendâ doctrinâ de fide vel moribus
« instructam esse voluit ; ideòque ejusmodi romani pontificis
« definitiones ex sese non ex consensu ecclesiæ irreformabiles
« esse.

« Si quis autem huic nostræ definitioni contradicere, quod
« Deus avertat, præsumpserit, Anathema sit. »

« Nous attachant fidèlement à la tradition qui remonte au
« commencement de la foi chrétienne, pour la gloire de Dieu
« notre Sauveur, pour l'exaltation de la religion catholique et
« le salut des peuples chrétiens, nous enseignons et définis-
« sons, le saint concile approuvant, que c'est un dogme divi-
« nement révélé que le pontife romain, lorsqu'il parle *ex cathe-*
« *drâ*, c'est-à-dire lorsque remplissant la charge de pasteur
« et docteur de tous les chrétiens, en vertu de sa suprême au-
« torité apostolique, il définit qu'une doctrine sur la foi ou les
« mœurs doit être tenue par l'Eglise universelle, jouit pleine-
« ment par l'assistance divine qui lui a été promise dans la
« personne du bienheureux Pierre de cette infaillibilité dont
« le divin Rédempteur a voulu que son Eglise fût pourvue,
« en définissant sa doctrine touchant la foi ou les mœurs, et
« par conséquent que de telles définitions du pontife romain sont
« irréformables par elles-mêmes et non pas en vertu du con-
« sentement de l'Eglise.

« Que si quelqu'un, ce qu'à Dieu ne plaise, avait la témé-
« rité de contredire notre définition, qu'il soit anathème ! »

Après ce décret, après cet anathème, qui oserait, prêtre ou
fidèle, se refuser à croire le pape infaillible ? On lui dirait tout
aussitôt : Croyez-vous à l'Eglise ? Croyez-vous aux conciles ?
Eh bien ! le concile œcuménique du Vatican qui représente l'E-
glise a défini que le pape est infaillible de son chef et non pas
en vertu du consentement de l'Eglise. Et si vous n'êtes pas
soumis d'esprit et de cœur à cette décision, vous êtes sous
l'anathème, vous êtes un hérétique hors de la voie du salut ;
prêtre, votre évêque vous excommunie ; fidèle, votre confesseur
vous refuse l'absolution.

O Dieu, moi qui suis prêtre, qui crois à l'Eglise, qui crois aux
conciles et qui voudrais bien croire à l'infaillibilité du pape,

mais qui manque de conviction, que dire, que faire et devenir?

Plein de confiance en Dieu et fort de ma conscience, je réponds simplement :

Jésus-Christ a prié pour que la foi de Pierre se relève de sa chute, donc la foi de Pierre a failli et peut faillir dans ses successeurs.

Saint Jérôme dit que le pape Libère est hérétique, saint Hilaire de Poitiers en dit autant. Quel est le docteur qui vaut plus que saint Jérôme, quel est l'évêque qui vaut plus que saint Hilaire pour dire le contraire ?

Les sixième, septième et huitième conciles œcuméniques disent anathème au pape Honorius. Les papes l'ont dit aussi pendant plusieurs siècles dans leurs professions de foi.

Le concile de Constance dit que le pape est tenu d'obéir en la foi à tout concile général.

Tous ces conciles, y compris les papes, valent bien celui du Vatican, l'Eglise était avec eux, je m'y tiens.

Assurément, tout un concile œcuménique qui vote l'infaillibilité du pape est de nature à faire impression sur les esprits et à les convaincre. N'est-ce pas l'Eglise qui parle en lui ? Elle est infaillible, il faut la croire. Oui, mais je crois tout aussi bien l'Eglise dans les trois conciles œcuméniques qui disent anathmèe au pape Honorius, dans les papes qui jurent cet anathème, et dans le concile de Constance qui met victorieusement en pratique le principe que le pape est tenu de lui obéir.

Tous ces conciles, malgré des chicanes qui ne signifient rien, font autant et plus d'impression sur mon esprit que celui du Vatican qui représente plus la soumission au pape que la foi des fidèles.

Mais de là il résulte, s'écrie-t-on, ou que l'Eglise s'est trompée autrefois, ou qu'elle se trompe aujourd'hui, hypothèse inadmissible, puisqu'elle est infaillible.

Cependant, à moins d'effacer l'histoire, ou de falsifier la signification des mots, on ne peut nier que d'une part trois conciles œcuméniques et les papes avec eux ont dit anathème au pape Honorius, et que d'autre part le concile du Vatican dit anathème à qui nie le pape infaillible.

Qui donc se trompe des anciens conciles ou du Vatican ? Qui fausse l'infaillibilité de l'Eglise , des anciens papes ou de Pie IX? Entre ces anathèmes, lequel éviter ? Où est la solution que je cherche, ô mon Dieu, pour la paix de mon âme et de ma foi ?

Notam fac mihi viam in quâ ambulem quia ad te levavi animam meam :

Seigneur, faites-moi connaître la voie par où je dois marcher, parce que mon âme s'est élevée vers vous.

Faut-il dire que le nouveau concile corrige et efface la décision des anciens ? Triste raison, pauvre expédient, l'Eglise infaillible qu'elle est ne se dédit pas.

Faut-il suivre en tout et partout l'autorité, sauf à varier avec elle ? Mais la foi ne varie pas. Et pourquoi ne pas suivre l'ancienne autorité plutôt que la nouvelle? Pourquoi ne pas suivre le concile de Constance plutôt que celui du Vatican? Autorité pour autorité, l'ancienne vaut bien la nouvelle.

J'avoue qu'il est plus commode, plus avantageux pour les prêtres, pour les fidèles de laisser les anciens papes et évêques dont ils n'ont rien à craindre, pour suivre ceux du Vatican qui les menacent et les frappent.

Faut- il dire que le concile du Vatican, dominé par le pape, n'a pas été libre et qu'il ne vaut rien ? Par le fait, les évêques se sont plaints à Pie IX de manquer de liberté ; leur plainte a été inutile. La papauté a pris dans l'Eglise tant d'ascendant que les évêques n'osent plus, ne peuvent plus lui résister. Leur soumission tourne à la servitude. Présentement, l'autorité du pape sur les évêques et des évêques sur les prêtres est une camisole de force qui les empêche de se mouvoir et se défendre. C'est à mes risques et périls que j'ose discuter.

Mais, peut-être, que le concile du Vatican ne dit autre chose que ce qu'on a toujours dit, toujours cru: savoir, que le pape est infaillible quand il parle au nom de l'Eglise et avec l'Eglise?

Si l'on entend par là que le pape est l'organe de l'Eglise, comme un président est l'organe d'une assemblée avec laquelle il s'identifie, en sorte que l'infaillibilité vient de l'Eglise à lui et non pas de lui à l'Eglise, nous sommes tous d'accord, ultra-montains et gallicans ; malheureusement il n'en est rien.

En votant l'infaillibilité du pape, qu'est-ce que le concile a voulu ? quelles étaient ses intentions ? quel était son but ? Evidemment de mettre l'enseignement personnel du pape sur la foi et les mœurs hors de doute, hors de toute discussion et contestation. Ainsi par exemple, Pie IX lance dans l'Eglise l'En-cyclique-*Syllabus* ; les uns la croient, les autres ne la croient pas ; les uns l'acceptent, les autres la rejettent.

Que fait le concile ?

Afin que désormais et à l'avenir, prêtres, fidèles, gouverne-ments même ne puissent élever des doutes sur l'encyclique et son *syllabus*, ou tout autre document de ce genre, le concile vote que le pape est infaillible lorsque parlant *ex cathedrâ* il définit une doctrine sur la foi et les mœurs. Par là il met hors d'atteinte l'encyclique et le *syllabus* et toute définition sem-blable dans le passé, présent et avenir. Puis, pour attaquer et mettre à néant Bossuet et le gallicanisme, le concile ajoute que de telles définitions sont irréformables par elles-mêmes et non pas en vertu du consentement de l'Eglise, comme l'entendent les gallicans.

Que veut, en effet, le gallicanisme, et que dit-il ? Il dit qu'il n'y a d'infaillible que Jésus-Christ et sa parole, parce qu'il est Dieu.

Il dit que cette parole, répandue dans son Eglise par tous ses apôtres et leurs successeurs, s'y maintient infaillible en vertu de cette promesse : Allez, enseignez, voici que je suis avec vous jusqu'à la consommation des siècles.

Il dit que le moyen de connaître cette parole est de remonter par la tradition apostolique jusqu'à Jésus-Christ, et par là même de s'en tenir à l'enseignement et à la croyance de tous les temps et de tous les lieux, sans pouvoir diviser l'enseigne-ment de la croyance, le corps enseignant du corps des fidèles, parce qu'ils sont corrélatifs l'un à l'autre, les pasteurs ne pou-vant enseigner d'une façon, et les fidèles croire d'une autre.

Il dit que ce moyen a toujours été en usage, comme l'his-toire en fait foi.

Voyez-vous l'énorme différence qu'il y a entre l'ultramontanisme et le gallicanisme? L'ultramontanisme s'en tient à la parole du pape et coupe court à tout le reste. Rome a parlé, cela suffit, tout est dit, la cause est finie. Il investit le pape d'infaillibilité personnelle en la foi, et par cet attribut divin il en fait comme une divinité sur la terre.

Le gallicanisme, au contraire, ne s'en tient pas à la parole d'un homme, tout pape qu'il est; il en vient à la parole de Jésus-Christ qui par l'ensemble des pasteurs qui enseignent et des fidèles qui croient se manifeste, dans tous les temps, dans tous les lieux, journellement, et à la portée de tous ; voix immense, voix infaillible, voix de l'Eglise, qui n'est autre que la tradition apostolique que les Irénée, les Jérôme, les Augustin invoquaient dans leurs luttes contre l'hérésie, sans songer à l'infaillibilité du pape. *Traditionem apostolorum*, dit admirablement saint Irénée, *in toto mundo manifestatam, in omni ecclesiâ adest perspicere omnibus qui vera velint audire*.

Par là, au moins, la foi repose sur toute l'Eglise et non pas sur la tête et le dire d'un seul homme.

J'étais tranquille dans ma cure quand l'autorité brutale du cardinal de Bonald et de ses assesseurs m'a révoqué parce que je ne voulais pas me soumettre à l'ultramontanisme qu'on nous imposait, et que fidèle à mes doctrines du séminaire, je les défendais par écrit.

Depuis lors, le concile du Vatican a voté l'infaillibilité du pape qui est la plus haute expression, le paroxysme de l'ultramontanisme. Les évèques qui ne voulaient pas de ce vote ou qui le modifiaient — et ils étaient 220 — malgró leurs convictions de la veille, s'y sont ralliés par crainte du pape et d'un schisme, et les prêtres en général, tout peinés qu'ils sont d'être obligés de s'y rallier, s'inclinent devant l'autorité du concile, devant l'autorité de leurs supérieurs, pape et évèques, et se disent : Il faut croire à l'Eglise. Or, où prendre l'Eglise, sans le pape et les évèques? A plus forte raison, quantité de fidèles soumis humblement à l'autorité de leurs pasteurs, sans pouvoir se rendre compte de l'infaillibilité papale, sans entrer en discussion, pratiquent une foi aveugle, la foi du charbonnier, comme on dit.

Pourquoi alors tout prêtre, tout fidèle n'en ferait-il pas autant? Pourquoi ne pas se soumettre au pape et aux évêques? Ne sont-ils pas institués par Dieu pour être les docteurs, les interprètes de ce qui est à croire? Pourquoi?

Parce que les preuves de l'infaillibilité paraissent fausses ou exagérées.

Parce que l'infaillibilité du pape détruit l'infaillibilité de l'Eglise.

Parce que cette infaillibilité a pour conséquence forcée la déposition des rois et l'Inquisition.

Parce que Dieu n'a pas béni Pie IX et la France en lui.

Parce que le concile du Vatican enseigne le contraire de ce qu'enseignaient autrefois les papes, les évêques, les conciles quand ils disaient anathème au pape Honorius, quand les mille Pères de Constance par leurs signatures à la fin du concile proclamaient avec Martin V que tout pape est tenu d'obéir en la foi à tout concile général et mettaient la chose en pratique.

S'ils se trompaient, à mon tour je demande où était alors l'Eglise, où la prendre sans le pape et les évêques? N'est-il pas plus raisonnable de s'en tenir aux papes et aux évêques d'autrefois, qui ont pour eux la sanction du temps et de l'Eglise, qu'à ceux d'aujourd'hui, dans l'état de crise où nous sommes.

Sans doute, il faut se soumettre à l'autorité de ses pasteurs, à l'autorité du pape et des évêques établis pour régir l'Eglise, enseigner les fidèles et les conduire dans la voie du salut. Mais à la condition que leur enseignement ne contredise pas celui de leurs prédecesseurs, à la condition que leur autorité relève de Jésus-Christ et de son Eglise, parce qu'avant tout nous disons: Je crois l'Eglise, je crois en Jésus-Christ, tandis qu'avec le vote du Vatican cette autorité ne relève plus que du pape et s'y arrête.

Autrefois et jusqu'à présent, quand il s'élevait une hérésie, au besoin on assemblait un concile où l'on consultait tous les documents de la foi en remontant par la tradition apostolique jusqu'à Jésus-Christ,

Aujourd'hui, avec le système ultramontain, avec l'infaillibilité papale, tout cela est inutile. Il y a un moyen plus simple
et plus court : Allez à Rome, adressez-vous à l'oracle, faites-le
parler, tout est dit, tout est fait. Ne vous inquiétez pas s'il a
mûrement réfléchi, s'il a suffisamment étudié, s'il a consulté,
cela ne vous regarde pas : c'est son affaire, son infaillibilité est
un don de Dieu qui ne saurait lui faillir et qui ne tient pas à des
moyens humains ; autrement on pourrait toujours dire que le
pape n'a pas été infaillible parce qu'il n'a pas pris les précautions, les moyens voulus.

Les évêques d'Allemagne et de Suisse m'amusent en paroles
quand ils disent que l'omnipotence papale, touchant la foi et
les mœurs, est liée et limitée par les vérités révélées, par la loi
divine, par la constitution de l'Eglise.

Et qui sera, je vous prie, l'arbitre, le juge de ce lien, de
cette limite ? sinon le pape, sinon le docteur suprême et infaillible de l'Eglise universelle. Le pape n'est donc lié et limité que
quand il veut et comme il veut.

Mais, dit le concile, le pape est infaillible par l'assistance
divine qui lui est promise en la personne du bienheureux
Pierre. Où en est la preuve ? Dans ces paroles, dit le concile :
« J'ai prié pour que la foi de Pierre ne faillisse pas. » Et saint
Pierre a pleuré toute sa vie de ce qu'elle avait failli.

S'il plaît au successeur de Pie IX de faire preuve d'infaillibilité et de s'illustrer par quelque dogme, celui par exemple du
droit qu'a le pape de déposer les rois et de persécuter les hérétiques, celui de la nécessité où est le pape d'être roi de Rome,
les exemples et les raisonnements ne lui manqueront pas. Si
chaque pape augmente le catalogue des vérités révélées, nous
ne sommes pas au bout de notre *Credo*.

Il faut se sentir pénétré d'une bien grande conviction et se
croire animé des meilleurs sentiments pour oser dire à Pie IX :

Saint Père, vous voyez bien qu'avec votre suprématie absolue,
avec votre infaillibilité personnelle, vous offusquez Jésus-Christ
et le mettez dans l'ombre en vous plaçant devant lui pour la
magnificence de votre gloire et autorité. Laissez à ce divin Maître, comme par le passé, la gloire et le soin de garantir lui-

même par son assistance l'infaillibilité de son Eglise à travers les luttes et les orages de ce monde ; et cela, comme dit saint Paul, au moyen des apôtres, des prophètes, des évangélistes, des pasteurs et des docteurs, au moyen de tout leur ensemble, et non pas de vous seul.

Vous voyez bien que si, infaillible en la foi, vous êtes supérieur à l'ensemble des évêques, supérieur aux conciles œcuméniques, supérieur à l'Eglise universelle, en fait de foi et d'autorité, vous êtes tout dans l'Eglise et toute l'Eglise est en vous.

Que signifie alors le concile du Vatican avec tous ses évêques prosternés à vos pieds, qui ne sont là que pour approuver ? que signifie tout concile avec un pape infaillible ? Evidemment, il n'a d'autre valeur, d'autre expression que la volonté et autorité d'un seul homme, que la volonté et autorité du pape.

Cela est si vrai que, chose curieuse à remarquer, dans le concile du Vatican, c'est le pape infaillible qui se dit infaillible ; car examinez-le bien, ce n'est pas le concile qui dicte le décret, il aurait paru supérieur au pape en lui édictant son infaillibilité ; mais c'est le pape lui-même qui juge en sa propre cause, et infaillible *à priori*, dit qu'il est infaillible, le concile approuvant seulement.

Nous, dit Pie IX, nous décrétons, le concile approuvant, que le pape est infaillible.

O Dieu ! sommes-nous donc arrivés à la plus terrible crise que l'Eglise puisse éprouver, à la plus redoutable hérésie, celle de l'excès de l'autorité papale, celle de l'ambition et domination romaine dans l'Eglise de Jésus-Christ ?

Seigneur Jésus, au cœur doux et humble, ayez pitié de nous ! Inspirez au chef de l'Eglise, à votre auguste serviteur Pie IX, tout en présidant à l'Eglise et la gouvernant selon l'esprit de l'Evangile, la pensée salutaire d'éloigner de lui ces doctrines de superbe et de domination que Dieu ne bénit pas. Inspirez aux évêques et aux prêtres la résolution d'entrer saintement dans les voies évangéliques et prospères de l'humilité et de la charité, pour ramener le peuple que les doctrines ultramontaines ont tant éloigné.

Pardon, mon Dieu, si je me trompe, et anathème à cet écrit,

s'il n'est pas vrai, s'il n'est pas utile ; mais vous savez, vous le Dieu de mon âme et de mon sacerdoce, que lorsque j'attaque les doctrines de l'ultramontanisme qui mènent droit à l'Antechrist, je le fais en toute conviction et sincérité, vous priant souvent à l'autel de m'éclairer ou de me faire mourir si je suis dans l'erreur et l'aveuglement.

Mais enfin et après tout, que conclure et à quoi s'en tenir ? Le décret du Vatican est toujours là comme un argument formidable

Je le dis humblement, j'espère, surtout lorsque le concile se terminera, car il n'est pas fini, la guerre l'a interrompu, et lorsqu'on y aura traité et discuté l'article de l'infaillibilité de l'Eglise, j'espère que l'on s'en tiendra, comme toujours, à dire et à croire que le pape est infaillible avec l'Eglise et par l'Eglise ; parce que la parole, la doctrine de Jésus Christ, qui seule est infaillible, réside dans l'Eglise, dans la tradition apostolique, dans l'enseignement général, la croyance générale, et non pas dans la personne du pape, et qu'il faut la prendre, cette doctrine, là où elle est, pour être infaillible avec elle et par elle.

Ou le vote du Vatican s'expliquera, se modifiera en ce sens, ou il ne prévaudra pas, les événements seront plus forts que lui.

Il y a dans le monde tant d'aversion, tant de haine contre l'infaillibilité du pape, qu'il peut en résulter une révolution dans l'Eglise et que la papauté peut en subir une grave transformation. Qui sait ce qui arrivera à la mort de Pie IX ? Nous sommes menacés d'avoir un pape officiel à Rome et un pape clérical à Malte ou autre part. Attendons ce qui sortira de la crise où nous sommes ; si les évêques sont pour le pape, peuples et gouvernements sont contre lui ; comme saint Thomas j'attends et je veux voir.

Mais quel motif, quel intérêt a poussé la plupart des évêques à voter l'infaillibilité du pape ? Le triomphe de l'ultramontanisme : triomphe qui consiste et aboutit à faire du pape un monarque absolu et comme une divinité dans l'Eglise, et dans le monde le suprême potentat de l'univers. Ce qui est facile à prouver.

Monarque absolu et docteur infaillible de l'Eglise universelle, le pape est sans frein et sans contrôle.

Supérieur qu'il est [aux conciles, le pape les convoque, les préside, les suspend, les dissout, en approuve ou en annule les décrets, comme il l'entend.

Dans la sphère élevée où il se place, le pape est au-dessus de toutes les lois [et canons de l'Eglise ; il juge tout et n'est jugé par personne. Il n'y a pas de sultan, pas de Nabuchodonosor au monde dont l'autorité soit plus absolue que celle du pape dans l'Eglise.

Quant au dogme et à la morale, les fidèles peuvent laisser en oubli Jésus-Christ dans le ciel, le pape leur suffit, il est comme une divinité dans l'Eglise. Un vice-empereur, s'il agit ou parle mal, a derrière lui l'empereur pour le rappeler à l'ordre ; le Vicaire de Jésus-Christ n'a personne pour le reprendre. Il n'en est pas besoin, il est infaillible comme son divin Maître.

Si cet état de choses devait s'établir et subsister, il me vient à l'idée, comme une mauvaise pensée, que nous touchons à la fin des temps, où Jésus-Christ doit venir, pour tuer d'un souffle l'idole humaine qui se met à la place de Dieu sur la terre.

Devant toutes ces boursouflures ultramontaines, faut-il s'étonner que dans le concile du Vatican, deux cent vingt évêques des plus éminents et qui, dans leurs diocèses, représentaient la majorité catholique, se soient opposés à l'infaillibilité papale ?

Faut-il s'étonner qu'une lutte terrible, une lutte gigantesque s'engage entre l'autorité du pape et l'autorité civile, et que le peuple sentant sous cette suprématie absolue, une tyrannie créricale, ne veut plus de la religion, ne veut plus du prêtre, ni à la vie ni à la mort, pas même à ses funérailles, et menace, en des jours de convulsions, de balayer du sol toutes les écoles ultramontaines ?

Tout cela d'autant plus, que si le triomphe de l'ultramontanisme avait lieu, si ses doctrines venaient à prévaloir, le pape deviendrait le suprême potentat de l'univers ; il serait en droit de déposer les rois, de persécuter les hérétiques et de contraindre les consciences, quand il pourrait et comme il pourrait.

Car, faites-y bien attention, si Pie IX est infaillible, les papes d'autrefois l'étaient autant que lui, puisqu'ils étaient papes comme lui. Or tout prêtre, tout laïc tant soit peu instruit, sait très-bien, qu'au moyen-âge et plus tard, maints et maints papes ont déposé les rois, persécuté les hérétiques et fait de ce droit, de cette autorité, un point de doctrine et de foi, selon toute la formule du Vatican.

Je demande pardon à mes lecteurs d'être obligé de me répéter, mais j'entends toujours dire, pour justifier les papes et les excuser, vaille que vaille, qu'ils déposaient les rois, persécutaient les hérétiques, non pas en vertu du droit divin, mais par la concession des peuples et des rois, par la coutume et les lois en vigueur, et qu'ainsi l'autorité légitime qu'ils exerçaient ne regarde pas l'infaillibilité du pape, qui ne porte que sur la foi et les mœurs.

Tout cela n'est qu'un palliatif, un faux-fuyant, une insigne dissimulation.

Entendez Grégoire VII, s'écrier en plein concile :

« O saints apôtres Pierre et Paul, Pères et Princes de l'Eglise
« romaine, faites donc que tout le monde sache et connaisse
« que si vous pouvez dans le ciel lier et délier, vous pouvez,
« sur la terre, enlever et donner à qui bon vous semble les
« empires, les royaumes et les possessions de tous les
« hommes. »

Entendez-le s'écrier encore :

« O bienheureux Pierre, c'est grâce à vous qu'il m'a été
« donné par Dieu le pouvoir de lier et délier dans le ciel et
« sur la terre. C'est pourquoi, fort de votre appui, de la part
« du Dieu tout-puissant, le Père, le Fils et le Saint-Esprit,
« par votre puissance et autorité, *per tuam potestatem et aucto-*
« *ritatem*, je renverse le gouvernement du roi Henri dans
« l'Italie et dans tout le royaume teutonique. »

Entendez Boniface VIII, dans sa bulle *Unam sanctam* :

« Par le pouvoir des clefs, dit-il, la puissance spirituelle est
« en droit d'instituer et de juger la puissance temporelle. »

Entendez surtout Paul IV s'écrier, dans une bulle à jamais mémorable et solennelle :

« Considérant que le Pontife romain, qui tient la place de
« Dieu et de Jésus-Christ sur la terre, possède la plénitude de
« puissance sur tout royame et toute nation, et que seul il juge
« tout et n'est jugé par personne:

« Nous renouvelons toutes les sentences d'excommunication
« qui ont jamais été portées contre les hérétiques, de quelque
« condition qu'ils soient, fussent-ils rois ou empereurs.

« Mais comme les peines spirituelles ne suffisent pas, nous,
« dans la plénitude de la puissance apostolique, nous sanc-
« tionnons, établissons, décrétons et définissons par la présente
« constitution, qui doit valoir à perpétuité, que toutes les per-
« sonnes, princes, rois ou empereurs, qui seront convaincus de
« schisme ou d'hérésie, outre les peines spirituelles, encourront,
« par le fait même et sans autre procédé juridique, la perte de
« tout honneur, de tout pouvoir, de toute autorité, de toute
« principauté, duché, royaume, empire, et seront à jamais
« inhabiles et incapables de les reprendre.

« Mais de plus, ils doivent être tenus pour relaps, comme
« s'ils étaient condamnés pour la seconde fois. Dès lors, ils
« doivent être livrés au bras séculier, afin d'être punis par les
« peines de droit : à moins que, vraiment repentants, ils ne
« soient par la clémence et la bénignité du Saint-Siége, relé-
« gués dans un monastère, pour y faire pénitence au pain et à
« l'eau, la vie durant. »

Décréter, définir, dans toute la plénitude de la puissance
apostolique, le droit, l'autorité de déposer les rois, de châtier
les hérétiques, n'est-ce pas les définir, les décréter *ex cathedrâ?* » L'un n'est-il pas l'équivalent de l'autre ? A moins de se
faire un jeu de la formule *ex cathedrâ* et l'appliquer en fantaisie.

Entendez Pie IX lui-même dire dans son encyclique-*Syllabus :*
« Que l'Eglise catholique, en vertu de l'institution et du
« commandement de son divin fondateur, doit faire usage d'une
« violence salutaire, *vis salutaris*, non moins à l'égard des par-
« ticuliers, qu'à l'égard des nations, des peuples et de leurs
« souverains. »

Entendez tous ces papes, j'en passe et des meilleurs, et voyez
s'ils n'ont pas déposé les rois, persécuté les hérétiques, en vertu

du droit divin, par le pouvoir de lier et délier qu'ils tenaient de Jésus-Christ et par saint Pierre.

Voyez s'ils n'ont pas fait de ce droit, de cette autorité, un point de doctrine et de foi que l'infaillibilité du Vatican couvre comme le pavillon sur mer couvre les marchandises.

Aussi, le plus fort soutien de la papauté, le plus grand théologien des jésuites, le cardinal Bellarmin, dit nettement :

« Quand Grégoire VII, Innocent IV et autres, ont voulu
« excommunier de grands princes et délier leurs sujets du ser-
« ment de fidélité, ils l'ont fait du haut de la chaire de
« saint Pierre, *id fecerunt ex cathedrâ*, en plein concile, en
« toute solennité, en vertu de l'autorité de Dieu et des saints
« apôtres Pierre et Paul, qui leur a été communiquée d'en
« haut. »

Devant toutes ces bulles, devant de pareils titres, il n'est pas permis de dire que les papes ont déposé les rois, persécuté les hérétiques, non pas en vertu du droit divin, mais par le droit public en vigueur au moyen-âge et que cela ne regarde pas l'infaillibilité du Vatican, qui ne porte que sur la foi et les mœurs. Et quand Pie IX le fait dire aux évêques, il contredit ses prédécesseurs, il se contredit lui-même et son infaillibilité tourne à tout vent. Cette inconséquence fait ensuite dire à nos ennemis que nous sommes des gens faux et hypocrites, et le peuple ne veut plus de nous.

A la vérité, s'il faut en croire l'*Echo de Fourvière*, du 30 janvier 1875, Pie IX s'est ravisé, et nous dit :

« Sans doute, le droit de déposer les souverains et de délier
« les peuples de leur obligation de fidélité, a été parfois, dans
« des rencontres suprêmes, exercé par les papes ; mais il n'a
« rien de commun avec l'*infaillibilité ;* et sa source, au lieu
« d'être dans l'*infaillibilité*, est dans l'*autorité pontificale*. Les
« siècles de foi respectaient chez le pape ce qu'il est réellement,
« c'est-à-dire le juge suprême de la chrétienté. »

Mais qui ne voit, qui ne comprend que si ce droit est dans l'*autorité pontificale*, l'*infaillibilité* ne fait que le confirmer e consacrer?

S'il est audacieux, s'il est insensé pour un prêtre de s'élever contre le Vatican, il est encore plus audacieux, plus insensé, de venir dire au monde que le pape a le droit de déposer les rois, de châtier les hérétiques et de faire consacrer ce droit par l'infaillibilité papale.

Attendez que la France soit tranquille pour s'occuper de la question religieuse, et vous verrez la presse et le gouvernement s'écrier : Nous n'entendons pas que dans les écoles, dans les séminaires, dans les églises, on enseigne des doctrines qui troublent la société et infirment l'autorité civile.

Il est à propos que les évêques signent et publient cette déclaration si édifiante de leurs prédécesseurs :

« Nous cardinaux, archevêques et évêques, croyons devoir
« à la France, au ministère sacré qui nous est confié, aux
« véritables intérêts de la religion, de déclarer que nous demeu-
« rons inviolablement attachés à la doctrine telle que nos pré-
« décesseurs dans l'épiscopat nous l'ont transmise, sur les droits
« des souverains et sur leur indépendance pleine et absolue,
« dans l'ordre temporel, de l'autorité, soit directe soit indirecte,
« de toute puissance ecclésiastique. »

S'ils s'y refusent, ils sont hostiles à l'Etat, et l'Etat ne paie pas ses ennemis ; s'ils s'y résignent, le gallicanisme revient en vigueur.

Si cette exigence les contrarie, à qui la faute ?

Le gouvernement n'attaque point, il se défend contre des doctrines agressives et les conséquences de l'infaillibilité papale.

Puis, avec tout le respect filial qui est dû au chef de l'Eglise, la France lui dira :

Saint-Père, nous avons entendu vos plaintes et vos gémissements sur le pouvoir temporel qui vous est ravi. Nous vous supplions de considérer que les doctrines que professent la cour de Rome indisposent les gouvernements et les peuples. Il ne peut entrer dans leurs esprits que les prérogatives et les droits que vous tenez de Dieu pour le gouvernement de l'Eglise universelle, s'étendent jusqu'à faire usage d'une violence salutaire, non moins à l'égard des particuliers qu'à l'égard des nations, des peuples et de leurs souverains, c'est-à-dire, jusqu'à dominer l'autorité civile et contraindre les consciences. Nos pères ne l'ont jamais souffert, nous ne le souffrirons pas non plus. Ces doctrines excitent la colère publique contre la religion et les prêtres. Elles sont la cause pour laquelle peuples et gouvernements vous délaissent. Qu'ils sont loin de vouloir rétablir un pouvoir qui veut les dominer.

Le prêtre qui écrit ces lignes le fait pour l'acquit de sa conscience et de sa foi ; il croit se rendre utile à l'Eglise et au pape lui-même, en attaquant, autant qu'il est en lui, le système ultramontain qui veut établir la religion par la domination et la force, tandis que, selon Jésus-Christ et son Evangile, selon l'expérience de tous les temps et de tous les lieux, cette religion divine ne s'établit que par la charité, l'humilité, par l'enseignement, la persuasion et l'exemple ; laissant à Dieu le soin de châtier au jugement dernier les consciences rebelles et les violateurs de ses lois.

O insensés ultramontains, qui vous a fasciné l'esprit pour ne pas obéir à la vérité, vous qui avez sous les yeux le crucifix de Jésus-Christ ! N'est-ce pas folie de vouloir que la religion qui a commencé par la croix finisse par la vaine gloire ?

Ne tentez pas l'impossible, jamais on ne supportera la domination cléricale ; Dieu lui-même s'y oppose, à en juger par les événements.

POINT DE VUE PROVIDENTIEL

DANS LA

QUESTION ROMAINE

Celui qui étudie l'Ecriture sainte est frappé de voir comme Dieu gouverne les événements en vue de Jérusalem et de son peuple.

Jérusalem n'est qu'un faible Etat en comparaison des grands empires de Babylone et de Ninive, et cependant sous la main de Dieu ces empires ne sont que des instruments pour châtier son peuple ou pour les délivrer.

Samarie délaisse le Dieu du ciel pour adorer les dieux de la terre dans toutes les joies voluptueuses de la gentilité. Alors, poussé par l'ambition, mais instrument de Dieu sans le savoir, Salmanazard, roi d'Assyrie, arrive en conquérant, prend Samarie, la détruit et emmène ses habitants en captivité.

Et de peur qu'on ne se méprenne sur la cause de cet événement, l'Ecriture a soin de dire : « Qu'il arriva après que les en« fants d'Israël eurent offensé Dieu leur seigneur, en adorant « des dieux étrangers à la manière des gentils, en leur élevant « des statues sur de hautes collines et sous de grands ombra« ges. »

Oublieux de son ministère, Sobna, prince des prêtres et préfet du temple, ne songe qu'à se faire tailler dans le roc et sur une éminence un magnifique tombeau, pour perpétuer sa mémoire. Le Seigneur lui envoie Isaïe, qui lui dit : « Que fais« tu là et quel est là ton ministère ? Voici que le Seigneur va « te faire emporter au loin, comme on emporte une volaille « pendue au bras. *Ecce Dominus asportari te faciet, sicut aspor-* « *tatur, gallus gallinaceus.* »

C'est qu'alors Sennachérib fils de Salmanazard, menaçait Jérusalem et ses environs avec une puissante armée.

Mais de son côté ce conquérant impie blasphémait contre le Dieu d'Israël et le traitait de faible et d'impuissant à lui résister. Isaïe lui replique :

« Voici ce que dit le Seigneur : Je te mettrai une boucle de « fer, comme aux naseaux d'un chameau et je te ramènerai « par le chemin d'où tu es venu. »

La nuit suivante, l'ange du Seigneur exterminait cent quatre-vingt-cinq mille Assyriens et Sennachérib s'enfuyait sur le chemin de Ninive, sa capitale, où arrivé, deux de ses fils l'assassinèrent devant la vaine idole qu'il implorait.

Ooliba, sœur d'Oolla, pour parler le langage d'Ezéchiel, c'est-à-dire Jérusalem l'aînée de Samarie, se laisse aller elle-même à l'idolâtrie. Son peuple déserte le temple du vrai Dieu pour courir en foule sur des hauteurs, parmi des bosquets, adorer d'infâmes divinités et trouver l'occasion de se livrer à toutes les danses et luxures de la gentilité.

Alors Dieu résolut de détruire Jérusalem et son temple et d'envoyer son peuple en captivité.

Tout aussitôt, tant Dieu tient le cœur des hommes entre ses mains, arrive Nabuchodonosor, le superbe potentat de Babylone, qui met le siége devant Jérusalem.

Les juifs, fiers de leur Dieu et de son temple, se montrent ré-solus à la défense ; mais Jérémie, mieux initié aux desseins de Dieu, leur dit : Il faut se rendre, il faut aller en captivité. On s'irrite contre ce prophète de malheur ; on forme des complots contre sa vie. Pour un prophète de moins, se dit-on, pour un sage de moins, la loi, ni la sagesse ne périront pas. Mettons dans son pain du bois pour échiffes, blessons-lui la langue, ne tenons pas compte de ses discours, effaçons-le de la terre des vivants et qu'il ne soit plus parlé de lui ; il faut qu'il meure.

Mais Jérémie, sur l'ordre de Dieu, prend un vase d'argile et s'en va le briser dans la vallée de Thophet, vallée de carnage et de mort, en s'écriant : Ainsi seront détruits Jérusalem et son temple.

Phassur, autre prince des prêtres, l'entend, le frappe et le met en prison, les pieds entravés dans un nerf de bœuf. Le lendemain, au sortir de là, Jérémie lui dit : Phassur, ton nom ne signifiera plus la gloire, mais la peur et la peur effarée. Toi, Phassur, et tous ceux qui habitent ta maison, vous irez en captivité, vous marcherez à Babylone, vous y mourrez, vous y serez enterrés, toi et tes amis qui ne prophétisent que mensonges, quand vous dites : Jérusalem et son temple ne périront point: C'est le temple de Dieu ! C'est le temple de Dieu ! C'est le temple de Dieu !

Jérusalem fut donc renversée, et le temple détruit, et le peuple emmené en captivité.

Mais quand Dieu eut pendant soixante-dix ans châtié l'idolâtrie de son peuple, il appela Cyrus à la tête des Mèdes et des Perses pour le délivrer.

« Viens, Cyrus, mon Christ, lui dit-il deux cents ans à l'a-
« vance par Isaïe son prophète, viens, je te conduis par la
« main ; je te soumettrai tous les peuples, je ferai fuir tous les
« rois devant toi ; toutes les villes t'ouvriront leurs portes. »

Il faut voir, comme dans leurs visions prophétiques Isaïe et Jérémie contemplent de loin la prise de Babylone. *Ascende Œlam, obside Mede*, dit Isaïe : Perse, monte à l'assaut, Mède, serre tes rangs autour de la ville. La table est servie pour le festin de Balthazard, c'est le moment; princes, en avant, saisissez vos boucliers.

Je les vois, dit Jérémie, qui entrent dans le lit du fleuve et incendient les roseaux. C'est que Cyrus avait détourné l'Euphrate, comme autrefois Sémiramis, et par le lit du fleuve entrait au cœur de Babylone.

Les courriers qui vont rencontrent ceux qui viennent et arrivent l'un sur l'autre, pour annoncer au roi que la ville est prise d'un bout à l'autre, et la sentinelle crie d'en haut : Babylone est tombée, Babylone est tombée !

Ce fut alors que Daniel, dont le rôle est si grand dans cette histoire, put dire au vainqueur : Prince, voyez votre nom, voyez votre conquête inscrite depuis plus de deux siècles dans nos livres saints.

O Cyrus, ô Christ du Seigneur, rendez, selon les vues de Dieu sur vous et sur nous, rendez au peuple juif la liberté,

Jérusalem et son temple. Et Cyrus proclama le décret suivant dans tous ses Etats :

« Le Seigneur Dieu du ciel m'a donné l'empire univer-
« sel, c'est lui-même qui m'a commandé de lui bâtir un
« temple dans Jérusalem qui est en Judée. Qui d'entre vous
« est son peuple ? qu'il aille à Jérusalem de Judée et bâtisse un
« temple au Seigneur, Dieu d'Israël, qu'on adore à Jérusalem. »

Et le peuple de Dieu se mit en marche sous la conduite de Zorobabel et du grand-prêtre pour retourner en sa patrie et relever Jérusalem et son temple, tandis que Ninive et Babylone disparaissaient de la scène du monde.

Dieu éternel et tout-puissant, soyez béni de votre providence manifeste sur la terre !

Ainsi l'on voit que Dieu gouverne les événements en vue de son peuple, ou pour le châtier, ou pour le délivrer.

A l'ancienne loi a succédé la nouvelle, comme à la fleur en bouton la fleur épanouie ; et Jésus-Christ et son Eglise sont aujourd'hui, comme autrefois Jérusalem et son temple, le point culminant dans le monde autour duquel les événements s'agitent et s'arrangent. Quand la religion est trop comprimée, les révolutions la dégagent, tout comme aussi quand prêtres ou religieux ne sont pas à la hauteur de leur vocation, la tribulation les épure. Toute politique judicieuse peut y regarder.

S'il en est ainsi, voyons ce qui est arrivé depuis qu'on a voulu mettre en avant l'infaillibilité du pape.

Victorieux en Crimée, un prince encore imbu des idées de sa jeunesse, prend la résolution de refouler l'Autriche hors de l'Italie et de lui substituer la royauté piémontaise, résolution grave qui pèse sur toute la politique de l'empire.

Grâce à l'appui de la France et de ses canons rayés, le Piémont, qui naguère fuyait devant l'Autriche et le vieux Radetzky, voit l'Autriche fuir à son tour et lui céder la Lombardie.

Ce n'est pas tout, par la proclamation de la souveraineté du peuple et par une propagande active, Parme, Modène, Florence, Naples, la Sicile et même Bologne avec la majeure partie des Etats du pape, se révoltent et passent sous le sceptre de Victor-Emmanuel.

Dès lors, l'Italie se dresse contre le pape et lui dispute Rome pour capitale.

L'ultramontanisme avait à s'effrayer : il n'en lève que plus fièrement la tête.

Avec le denier de Saint-Pierre qui se compte par millions, sous les ordres du général Lamoricière, l'une de nos gloires militaires, et sur les pas des Charette et des Cathelineau, les fils de famille, comme au temps des croisades, arrivent au secours du Pontife de Rome, chef de la religion catholique injustement dépouillé d'une couronne que dix siècles ont légitimée. Noble et sainte cause ! bien digne de la protection du ciel, si elle n'eût été l'auxiliatrice de l'ultramontanisme. Aussi Dieu permet-il la défaite si amère de Castelfidardo et la perte d'Ancône.

La prudence la plus vulgaire conséillait aux ultramontains de s'effacer et de se taire. Mais le ciel aveugle ceux qu'il veut perdre.

Une encyclique solennel avec son *Syllabus*, attaque hardiment les principes de la société civile et du gallicanisme et ramène parmi nous toutes les doctrines de Grégoire VII et du moyen-âge. Qu'en résulte-t-il ?

Le ministre des cultes en France intime aux évêques d'avoir à se taire sur l'encyclique et les maintient dans le silence.

Mais Dieu sévit bien autrement.

Pour fortifier l'Italie qui est son œuvre et tenter de s'agrandir sur le Rhin, l'empereur des Français s'entend d'une part avec la Prusse et de l'autre avec l'Italie pour leur faire attaquer l'Autriche et lui enlever le quadrilatère et la Vénétie.

Contre toute attente, la puissance de l'Autriche succombe devant la Prusse et le vieil empire germanique, soutien naturel et séculaire de la papauté, passe aux mains d'un Etat protestant.

On aurait voulu nuire au pape, qu'on n'aurait pas mieux fait, mieux réussi. Rome se trouva si délaissée qu'elle faillit être enlevée par un coup de main, si la France ne l'eût dégagée à Mentana.

Cependant les plaintes multipliées des évêques, la piété des fidèles qui s'inquiète, l'influence bien connue de l'impératrice et surtout la crainte de voir le parti catholique se soulever contre lui obligent l'empereur déjà menacé par la République de se rallier franchement au pape.

Il envoie donc son ministre affirmer aux députés que jamais la France n'abandonnera la cause du pouvoir temporel, indispensable au gouvernement de l'Église, et ce *jamais* se répète et se porte en triomphe par toutes les feuilles catholiques.

Voilà donc l'ultramontanisme à l'aise, Rome est à jamais défendue par la France. Les évêques se prosternent devant le pape en face de l'Encyclique et du *Syllabus*. Toute une milice sainte, état-major ultramontain, jésuites, dominicains, capucins, carmes, sulpiciens sont aux ordres du Saint-Siége ; et si le clergé paroissial du diocèse de Lyon s'avise d'être gallican, on l'envoie à Rome s'agenouiller aux pieds du pape, sans mot dire, sous peine d'interdit, par devant son évêque et l'acolyte son neveu.

L'occasion était belle, il faut en convenir, pour exécuter un projet caressé depuis longtemps. On allait donc enfin enterrer pour toujours le gallicanisme et Bossuet . On allait confirmer et consacrer par le dogme de l'infaillibilité papale toutes les doctrines ultramontaines, l'Encyclique et le *Syllabus* : car l'infaillibilité couvre de son égide bulles, allocutions en consistoire, encycliques, lettres apostoliques, brefs, en un mot tous les écrits sortis des chancelleries romaines où le pape en matière de foi ou de mœurs parle *ex cathedrâ*, c'est-à-dire en pasteur et docteur de tous les chrétiens.

O triomphe de l'ultramontanisme ! O couronne d'infaillibilité plus brillante et plus majestueuse que la tiare ! quel magnifique avenir pour l'autorité du pape ! Les ultramontains s'en réjouissaient si fort que l'abbé Combalot nous disait en chaire, qu'après le vote de l'infaillibilité papale, nous allions voir une ère de paix et de bonheur que le christianisme ne connaissait pas encore.

O prophète de dérision, aveugle esprit de parti, allez-vous-en prêcher en Prusse !

A la vérité l'Italie, Naples et la Sicile s'étaient révoltées, l'Autriche avait déchiré son concordat et se montrait hostile au pape. L'Espagne, la catholique Espagne chassait les Bourbons et l'ultramontanisme avec eux. Mais la France était là avec son opulent denier de saint Pierre, avec son *jamais* ineffaçable et sa convention solennelle, avec l'impératrice, avec l'empereur et son ministre, avec son armée à Rome et sa station navale à Civita-Vecchia ; la France est là, dis-je, serait-elle seule, qui oserait la braver ? qui.... ? Dieu peut-être.

Sa Sainteté Pie IX convoque à Rome tous les évêques pour un concile œcuménique. Toutes les mesures sont prises pour assurer le vote de l'infaillibilité et le précipiter au besoin, car le ciel était à l'orage.

Mais à peine les évêques français et autres désertent le concile en protestant, à peine le vote de l'infaillibilité sort-il du Vatican que la guerre éclate comme l'éclair et le tonnerre.

Tout aussitôt, bon gré malgré, il faut retirer nos troupes de Rome, il faut abandonner le pape. Pauvre France, tes revers sont inouïs dans l'histoire, ton armée jadis habituée à la victoire, après défaite sur défaite, capitule avec l'empereur, qui s'en va dans l'exil. En vain la république se proclame, en vain Paris se fortifie et résiste, en vain un dictateur descend des airs, dans un ballon, comme le *deus ex machinâ* des anciens, et met toute la France en armes ; rien ne prospère, tout est dans le désordre et la confusion ; nos places fortes succombent, les éléments nous sont contraires, le soldat sans pain, sans vêtements, sans munitions, à travers les neiges, par un froid excessif, se décourage et ne veut plus se battre.

En quelques mois, la France vaincue, humiliée, ruinée, se trouve dans l'impossibilité de secourir le pape, et l'Italie, qui n'attendait qu'une occasion, qui tout en votant la convention, ne dissimulait ni ses projets, ni ses espérances, entre dans Rome et siége au Quirinal.

Il faut convenir que si Dieu dirige les événements, — et je le crois, — il ne les a pas dirigés en faveur du pape. Le fait est que depuis qu'on a mis en avant son infaillibilité, toutes les puissances catholiques ou se sont révoltées contre lui ou sont impuissantes à lui venir en aide.

Ne dirait-on pas que la cause de nos malheurs tient au pape

que nous voulions soutenir et que Dieu voulait abaisser ? Et plus nous allons dans cette voie, moins nous réussissons, au risque même d'une autre catastrophe, d'un Sedan clérical.

Mais que Pie IX, l'auguste chef de l'Eglise, ne s'afflige pas et ne s'enferme pas dans son palais pour se dire captif. Le jour où par la force des événements et des choses, il mettra de côté sa suprématie absolue et son infaillibilité factice pour tendre avec humilité une main charitable à ses frères, le jour où l'ultramontanisme tombera, comme un fruit sec qui tombe du haut de sa tige, abattu par l'orage, il ralliera au catholicisme l'Église grecque, l'Orient et la Russie, il ralliera l'Angleterre et l'Allemagne, qui n'aurait plus lieu de protester. Ainsi soit-il. Quand il sera faible, alors il sera fort.

Et c'est là peut-être le point de vue providentiel dans la question romaine.

Mais auparavant. il faut s'attendre à la séparation de l'Eglise et de l'Etat qui mettra en dehors, à l'écart de la société, avec toute la tribu de Lévi, celui que l'on voulait mettre, comme clef de voûte, à la tête de l'ordre civil et social. Là sera le châtiment et la correction de l'ultramontanisme : « Quiconque s'élève sera abaissé et quiconque s'abaisse sera élevé. »

O mes frères dans le sacerdoce, ne soutenez pas l'infaillibilité du pape, qui m'apparaît une affaire d'orgueil et d'ambition, quand elle ne relève pas de l'Eglise ; vous attireriez sur vous la malédiction de Dieu et des hommes : *Odibilis coram Deo est et hominibus superbia.* Déjà Pie IX y a perdu son pouvoir temporel ; il est reclus dans le Vatican.

Et vous, gouvernement, qui voulez rétablir en France la paix et la religion, défendez-vous contre des doctrines qui veulent vous dominer et troublent la société. Jamais la France ne sera tranquille, tant que l'ultramontanisme y régnera.

Vous encore, curie romaine, ordres religieux, maisons généralices, prélats ardents ou inféodés à Pie IX, quand par la proclamation de l'Encyclique et du *Syllabus*, quand par le vote de l'infaillibilité, vous croyez assurer le triomphe de la religion et établir dans la chrétienté une monarchie universelle dont le pape serait le monarque suprême et absolu, et dont vous seriez les conseillers et les ministres dirigeants, vous voyez bien qu'il y a dans ce royaume fantastique et imaginaire un fond d'ambition et de domination qui dénature le christianisme. Non, jamais vous n'assujétirez les gouvernements et les peuples à la domination cléricale ; Jésus-Christ lui-même serait contre vous, lui qui dit : « Mon royaume n'est pas de ce monde. » Dans tous les cas, ne comptez pas sur la France. Il n'est pas nécessaire d'être bien clairvoyant pour s'apercevoir que nos populations rurales, conservatrices par nature, ne votent pour le radicalisme que pour voter contre l'ultramontanisme. La crise où est la France vient des doctrines ultramontaines. C'est là qu'il faut porter remède.

En publiant cet écrit, je m'attends à toutes les rigueurs de l'archevêché. Si Son Eminence le cardinal Caverot me retire l'autorisation de prêcher, de confesser et de célébrer la messe, je n'ai plus qu'à lui dire : *Videat Dominus et requirat*. Que Dieu voie et nous juge. Elle est terrible, la lutte du prêtre qui défend sa foi, contre son évêque qui l'interdit, l'avilit aux yeux des fidèles et l'appauvrit de ses honoraires de messes.

Impⁱᵉ Gˡᶜ du Rhône. (Anc. Imp. Vingt.) L. FABERT